VOLUMEN 9

EXPENSALISMO
OBSTÁCULOS PARA UN GOBERNANTE

Viven a Expensas de Otros

PRIMERA EDICIÓN

Carlos L. Partidas

quimicor2@gmail.com

DEDICATORIA

Para los Seres humanos inteligentes y capaces de la Tierra

CONTENIDO

RECONOCIMIENTO

A toda la energía que anima a todos los
Seres vivos de la Tierra

1

EXPENSALISMO

Un expensalista, es aquel que para poder actuar, se nutre o vive a expensas de las ideas de otros. El expensalista no tiene un dogma en el cual basarse, ni forma de acción propia, porque sufre realmente de una dislexia mental. Su doctrina básica es el expensalismo. Y este es un sesgo cognitivo, que no le permite a las personas que lo padecen, poder verse así mismas. Y en algunos casos, la mayoría de estas personas expensalistas, ni siquiera saben que estos problemas nos afectan, y solamente marchan hacia adelante porque ven a los demás que lo hacen.

Pero esta actitud, forma parte de un carácter innato de la personalidad, así que va a ser muy difícil, que estas personas se descubran a sí mismas; o incluso que otros las descubran. Y esta condición, será desde luego un problema bastante complejo de resolver por la vía de la ayuda psicológica, porque se supone, que para poder cambiar esta idoneidad de manera consciente, el primer paso que hay que dar, es precisamente el poder tener la capacidad de auto reconocerse. Pero los expensalistas no lo hacen, porque ellos o ellas no saben que tienen ese sesgo cognitivo. Y al intentar hablar con ellas, sería como explicarle a un loco las causas de su locura, pues esto no lo van a poder entender.

Estas son una clase de personas, que viven mentalmente en su propio mundo de la imposibilidad. Son torpes, y perciben los fenómenos del mundo, solamente a su manera; o como ellos o ellas creen que es la sociedad, pero no aportan nada para mejorarla. De tal forma que para ellos, los demás siempre estarán equivocados, porque creen que el mundo es realmente como ellos lo ven. No pueden ser creativos, pero tienen una asombrosa habilidad para copiar o imitar cualidades, desde quienes ellos consideran que son los poseedores de una determinada destreza, la cual ellos no tienen. Y si no lo logran, porque no saben cómo hacer para lograrlo, tratan de adquirir con el equivalente en dinero, la habilidad de otros, para que estos otros, les hagan el trabajo que ellos no son capaces de realizar, o resolver un problema que para ellos resulta complejo. Y ponen a la disposición todos los medios y recursos, para que aquel que ellos consideran que lo puede lograr, se sienta confiado y cómodo en su tarea, al menos durante la solución del caso, que para el expensalista resulta algo sumamente complejo. Y siempre consultan a los expertos, porque ellos no tienen la habilidad de encausar mediante la lógica, la solución del problema. Y los expensalistas no saben cómo plantearse una determinada estrategia.

Presentan siempre una incapacidad mental, pero tratan de no demostrarlo. Y a todo lo que consideran confuso, le quieren dar un explicación científica, cuando en algún grupo, captan a uno o una que ellos consideran que no se va a oponer a sus argumentos. Y a aquellos problemas científicos que ellos creen que pueden dominar correctamente, adornan sus exposiciones con un toque especial, para realzar sus supuestos dotes de sabiduría.

Y compran las ideas de otros; pero una vez que obtienen lo que desean, le dan una patada y lo amenazan para que no los delaten, porque desde ahora no quieren saber más de quien les hizo el trabajo. Y de esta forma, tratan de borrar la evidencia, para demostrar que fueron ellos los que aportaron la idea. Y tendrán siempre que ir detrás de otros expertos, para ellos poder sostenerse con su discapacidad mental, porque los expensalistas no son capaces de lograr las cosas por sí mismos.

Por lo general, son personas que aman el dinero; y compran la inteligencia de otros, porque incluso ni siquiera quieren reconocer la capacidad de otros. Solamente la que ellos adquirieron con el dinero. Y para no reconocer a los capaces, inventan de alguna manera la falsedad, para de alguna manera, dañar a quienes realmente les ayudaron a obtener sus logros.

Y los expensalistas se van encerrando en círculos de poder, con el fin de no perder sus posiciones; o como una manera de resguardar unos privilegios que realmente no merecen. Y alzan con orgullo una falsa actitud del logro alcanzado, por algo que no han logrado por cuenta propia. Porque ellos actúan solamente por instinto. Son humanoides, o serían como la transición, si es que lo logran, entre un animal y un ser humano inteligente.

Y existe un gran número de estas personas, porque incluso ya usted tendrá la oportunidad de irlos e irlas reconociendo. Y te conseguirás con muchos de ellos, porque están a tu alrededor. Pero ellos no van a poder leer este libro, porque para ellos, éste libro no tiene ningún valor. De todas maneras, que el conocimiento también es relativo. Y otros expensalistas, solamente verán algunos actos y las acciones de otros expensalistas, exponiendo sucesos, donde brota y se transfigura la gran genialidad. Y mediante un discurso estúpido, se involucran en la historia, pero de este laberinto cronológico no podrán salir, porque ni siquiera se saben la primera estrofa del himno nacional.

Los expensalistas, quieren aprovechar de otros el conocimiento, y copian exactamente la imagen de otros, para mostrarse ante otros, con lo que ellos no pueden lograr por sí mismos. Y al instruir a grupos, salen corriendo para impartir lo copiado de otros, como si fuera una idea de ellos. Y de paso ellos seleccionan estratégicamente a estos grupos, porque los escogidos por ellos, deben poseer un menor valor cognoscitivo. Es por eso, que en su mayoría, los expensalistas se convierten en muchos casos en maestros o maestras de la escuela primaria. Porque allí hay muchos niños, y habrá una oportunidad única para poder impartir órdenes. Pero generalmente, o muy pocos llevan un fin para educar o formar al niño.

Así que estas personas formarán y participarán en grupos, en los cuales hayan otros con un bajo nivel intelectual, porque al hacerlo dentro de esa categoría, pueden expresar lo que han copiado de otros sin recibir objeciones. Y lo que copian, lo pueden enunciar con mucha habilidad y donaire, porque saben que estos grupos de menor intelecto, los pueden halagar y reconocer como genios.

Pero cuando están ante un grupo más avanzado, ellos se mantendrán callados, porque los expensalistas saben bien que no aguantarían las objeciones, o aquellas preguntas que ellos no van a poder responder. Muchos toman notas y se las aprenden, pero esconden la fuente, porque la idea copiada la van a exponer como si fuera de ellos. Así que no reconocen a la persona que emitió la idea. Pero será una idea que los expensalistas no van a poder materializar, porque no saben cómo hacerlo. Se aprendieron solamente la idea, y, penosamente para ellos, siempre detrás de la idea, por lo general tiene que venir consecuentemente un objetivo, o la acción que vislumbrará la idea.

Y para expresar lo que han copiado de otros, constriñen la boca y levantan las cejas echando un poco la cabeza hacia atrás. Porque el que propuso la idea, solamente lo dijo con las palabras que emanaron de su pensamiento, pero en el fondo de la idea, va implícito un objetivo; y generalmente, el que plantea una idea, o que comprende una razón, es el que sabe cómo va a realizar lo propuesto.

Y para los expensalistas, la imagen copiada o la idea, la logran hacer ver como propia para poder sostenerse, y se sienten bien dotados, porque tal vez necesitan de aquel halago y del reconocimiento que no logran obtener. Le dicen a otros con asombroso detalle lo que deben hacer; pero cuando ese alguien les pide que intenten hacer lo que ellos proponen, no saben cómo hacerlo. Y recurren de nuevo al experto para encausar una solución, y lo más seguro es que tampoco la van a entender, y de esta forma se rascan la cabeza, y viven siempre confundidos en sus mentes, sin proponer una idea propia.

Así que van y vienen cavilando de un lugar a otro, o hacia algún vacío, porque no pueden o no tienen la capacidad de imaginar, para poder asociar las ideas mediante el pensamiento analítico. Y cuando tienen dinero, conseguirán esa idea de alguna manera, que luego de adquirida, la asumen como una creación propia, pues a esa idea le asignaron un precio. Y la compran con el valor equivalente del dinero. Y sólo por esta razón, la idea ya les pertenece. Y es algo de su propiedad, porque la han comprado.

Y se me vienen a la imaginación muchas de estas personas: Dirigentes comunales, aspirantes a un cargo político, ministros de gobiernos o los reverendos de una iglesia. Pero ellos o ellas en realidad no saben, que con esta actitud de expensalistas, le pueden ocasionar un gran daño a la administración de una revolución, a una iglesia, o incluso a la convivencia de la raza humana. Porque lo cierto, es que estas personas, desafortunadamente existen, y es muy difícil descubrirlas o descubrir en ellas esas apariencias cognitivas.

Algunas y algunos pasan a ser zoilos; es decir, que como no pueden ejecutar las ideas, se retiran huyendo hacia adelante; pero no sin antes, tratarán de dañar moralmente y con mentiras al que si puede, como una forma de apartarlo del camino. Y así se convierten en falsos críticos presuntuosos y malignos.

Y los expensalistas, además son los típicos nepotistas, porque algunos ocupan cargos importantes en algún ministerio; y para no perder sus privilegios, nombran a algún familiar; que por lo general tiene que ser también un expensalista, para ellos poder mandarlo; y así lograr, que este familiar ocupe un cargo importante; pero que este cargo es estratégico para ellos poder ir ampliando su rango de dominio. Un rango de influencia que tampoco pueden medir, porque no tienen capacidad para saber hasta dónde puede llegar ese límite. Así que practican un egoísmo que tampoco tiene un final.

Los expensalistas de los altos cargos, les encanta cuando se les halaga. Se complacen cuando los anuncian con la fanfarria de una trompeta, y hay que recibirlos bien; y de ser posible, inclinarse ante ellos cuando pasan, o ponerse de pie cuando llegan. Porque si no se les hacen esos gestos de reverencia, se ofenden. Y van degustando con delicadeza solamente una pequeña porción del gran banquete. Y la bebida para ellos, no puede ser igual a la de los demás, porque la de ellos tiene que ser exclusiva. Y las bebidas de más años, serán las de ellos. Pero cuando los demás influyentes se marchan, se quedarán solamente los de su círculo de influencia; y entre ellos se desatará la gran borrachera, y emergerá desde ellos lo que realmente son, porque la bebida alcohólica es lo único que los logra sacar de su ensimismamiento o presunción. Incluso pueden llorar durante la borrachera, la frustración que les causa su expensalismo.

Y tratarán de ocupar los cargos más influyentes e importantes, que no necesariamente pueden ser los de un gobierno, sino también desde la alta posición de una oposición; o por ejemplo en una iglesia. Y los de más abajo no serán iguales a ellos, sino sus sometidos. Y gracias a esa habilidad de esconderse fácilmente o ser furtivos, son vanilocuos; es decir, que hablan demasiado pero sin ningún sustento. Y si trabajan como simples mecánicos de un ferrocarril, dicen que gracias a ellos fue que se diseñó y se construyó todo el ferrocarril y las estaciones junto con las vías férreas. Y captan hábilmente entre los usuarios de menor nivel, para decirles, que fue gracias a ellos que existe el ferrocarril.

Pero tal vez que los expensalistas existen, engrosando una lista con una cantidad mayor de cualidades, pero estos son peores y más peligrosos que los inútiles, pues a los inútiles es

fácil descubrirlos por su falta de destreza; pero a los expensalistas no, porque ellos no participan en la labor directamente,
sino que dan las órdenes, para que otros las ejecuten. Ellos en
realidad, no saben cómo hacerlo.

Y logran con gran habilidad adoptar una actitud de gran ama-
bilidad y delicadeza o dulzura en sus palabras, ante quienes le
pueden asignar algún cargo importante, pues con una voz
suave, ellos engañan con facilidad a quien otorga el cargo.
Pero cuando el que les otorga el cargo se ausenta, comienzan
a contarle a otros las debilidades de aquel que asigna el cargo,
porque ellos consideran que aquel, está ocupando un cargo
que no merece; pero que ellos, como expensalistas pueden
ejecutar mejor dicho cargo. Pero los expensalistas quisieran
ocupar todos los cargos a la vez. Porque les gusta dar órdenes
para que sean obedecidas fielmente. Y cuando alguien se las
refuta, se ponen furiosos, tal como tensarse y dar pequeños
brinquitos con las puntas de los pies, y apretando fuertemente
los dientes y los puños. Se les ponen los ojos brotados y re-
donditos. O emiten un estruendoso temblor con las mandíbu-
las; y muchas veces muestran una palidez en su rostro y una
blancura en los labios. Y se ponen grises.

Y querer sacarlos de ese mundo será una tarea difícil. Porque
son cogotudos o altaneros; y quieren ser dominantes, ya que
solamente ellos se creen los únicos, y que por tanto son los
que merecen el reconocimiento de los demás. Son patanes.

Pero tal vez que los expensalistas dejan un vericueto para en-
trar en sus mundos, por cuanto ellos admiran a quienes ellos
ven que han alcanzado un grado, al cual ellos no van a poder
llegar. Aunque luego, estos expensalistas pueden ocupar cargos, que ellos cuidarán celosamente, para que no se acerquen

quienes tienen las ideas, pues en los expensalistas cunde el miedo, a que alguien más capacitado que ellos los pueda desplazar de sus puestos. Y por eso se mantienen amparados en las mentiras, porque como dijimos son vanilocuos.

Y en general, los expensalistas pueden ser exitosos en los negocios, pues al no ser creadores, tampoco arriesgan mucho. Y si el negocio funciona por sí solo, ellos no se darán cuenta ni siquiera de cómo lo hace. Y pagan para que alguien se los administre. Y si el negocio crece y va bien, dicen que es gracias a ellos. Pero si el negocio va mal, le echan la culpa al que administra. Y gritan ante la incapacidad del otro. Pero también si alguien les administra con buenas estrategias sus negocios, esto les puede generar sus grandes fortunas, que a su vez les alimenta como un búmeran su expensalismo. Y se conseguirán un yate; pero no importa que no tengan una playa, pero tiene que ser el mejor yate, y lo aparcan en el llano al frente de su casa, solamente para saber que tienen un yate. Ante el deleite que sienten, cuando otros ven que solamente ellos pueden tener un yate. Y ellos solamente quieren tener un yate, porque eso les da glamour.

Y los expensalistas tratan de dominar solamente ellos el mercado mundial. Incluso si es posible el mercado en el planeta Marte o cualquier planeta que se les ocurra, porque no pueden discernir entre lo real y lo imposible. Pues solamente quieren avanzar ellos, sin pensar en los demás, o en quienes no tienen nada; ni siquiera algo de comer.

Y los expensalistas, utilizan cualquier estrategia engañosa para crear de alguna manera sus efímeras fortunas; y puede ser mediante una empresa fantasma o que no es real. Y para lograrlo, crean el mercado bursátil, donde tienen la oportunidad de no crear nada sino de ganar dinero. Y con esto, pueden fundar una extravagancia, tal como una empresa petrolera pero que sea fantasma. Y esta empresa vende petróleo. Pero la empresa no tiene petróleo, porque solamente colocan las acciones de la empresa fantasma en el mercado bursátil. Y no entregan el petróleo negociado, porque la entrega del fulano petróleo es a futuro. Pero el futuro tampoco llegará, y de allí el éxito de la gran empresa petrolera, porque lo que venden no es un bien real.

Son los espíritus cuyos pensamientos están invertidos, y por eso se tienen que convertir en expensalistas, porque el Universo marcha bien y por el camino correcto. Y también existen quienes siguen correctamente esa realidad del Universo. Mientras que los expensalistas pueden pasar toda la vida actuando de esa manera, y regresan convencidos de que solamente ellos tienen la razón. Pero alimentan con ello, un gran conflicto social, porque quienes tienen la razón no se dejarán arrebatar el poder, bien sea político o económico, para entregárselo a los expensalistas, porque los que no son expensalistas, entienden que los expensalistas no sabrán como manejar la situación.

Pero de todas maneras, es bueno observar, que esa actitud superficial de los expensalistas, son las acciones que enriquecen, por decirlo de alguna manera, y afianzan más los criterios de aquellos espíritus que pueden pensar correctamente.

Tal vez, lo que puede funcionar mejor para sacar al expensalista de su mundo, sea la hipnosis, siempre y cuando, el psicólogo o el hipnotizador, no tengan el mismo sesgo expensalista, porque conozco a varios psicólogos que lo tienen. De tal manera, que quienes deseen dirigir la hipnosis, tienen que ser aquellos que sepan realmente como atinar, para identificar a estas personas, quienes poco a poco serán ellas las que consientan dejarse llevar hacia la realidad, de que el mundo se puede ver desde otras perspectivas, o que en el mundo, existen muchas personas pobres, a las que hay que ayudar, para que todo bien adquirido tenga un mayor valor, y solamente de esa manera, se logrará obtener el halago sincero que buscan los expensalistas.

Pero algunos habrán observado, que estas personas caen en cuenta, pero luego de que hemos incurrido en una gran insistencia. Sin embargo, después de lo acordado en la mañana, por la tarde ya lo olvidaron y vuelven a caer de nuevo en su estado de desconfianza, porque son indecisos. Y seguirán cavilando hacia un vacío; o convencidos, de que el mundo es tal cual ellos solamente lo ven. Y que para ellos, los equivocados son los demás. Por lo que hay que disponer realmente de lo que muchos llaman paciencia para poder interactuar con los expensalistas.

Y los expensalistas, tendrán que trepar hacia arriba para alcanzar un punto de transición, tal como lo hacen las moléculas de agua que se convierten en vapor desde la superficie de una charca.

Pero paradójicamente, a pesar de no poder ocupar los cargos más altos, muchas veces los más humildes son los más fieles. Y están en número como el agua que se queda líquida en la charca; y son los más obedientes quienes más aportan a la causa noble; por ejemplo de una iglesia, o en un gobierno; y son los que sostienen a la iglesia o el gobierno con mayor fuerza y dedicación. Pero los expensalistas con su habilidad

también engañan, y muchos humildes defienden ferviente-
mente a los expensalistas. Tal vez porque no saben, o porque
también son expensalistas que tienen la esperanza de que algún día, ellos también lograrán ocupar esos altos puestos.

2

EN POLÍTICA, OPOSICIÓN NO ES OPONERSE

Y el expensalismo, es lo que ayuda a crear una resentida in-
justicia colectiva, y de allí surgen los grandes conflictos sociales que nunca terminarán; hasta que no se logre conformar
una sola casta de Seres conscientes e inteligentes. Y para lograrlo, necesitamos formar una nueva sociedad, para que a la
vez, se conforme una nueva humanidad tanto física como
energéticamente.

Y los expensalistas, al demócrata lo llaman dictador, porque
hablan de la libertad, pero la libertad de ellos para poder opri-
mir a otros. Y si fueron pobres, pero lograron salir de un estado de pobreza, entonces despreciarán a quienes siguen
siendo pobres. Y con sus fortunas acumuladas, los expensalistas buscan y pagan bien a otros expensalistas, con el fin de
lograr sus objetivos, y expandir su dominio sobre otros. Y así
se mantendrá vivo un gran conflicto que nunca termina, porque está alimentado por una desafuero que causa una lucha
perenne entre dos clases diferentes. Pero esta lucha sólo ter-
minará, cuando exista una sola clase social.

Y decía Bertrand Russel: «El problema con el mundo, es que los ineptos están seguros de todo, mientras que los capaces viven llenos de dudas»

Pero el mundo y la gran preocupación de todos, es que esos «pensadores» expensalistas han sido la causa de la más grande tragedia, que ha causado la división de la raza humana. Y todo ocurrió, desde el momento en que el conocimiento cayó en manos de los expensalistas, y estos vieron la oportunidad de sacarle un provecho económico. Es decir en las manos de quienes absorben de otros el conocimiento, para utilizarlo solamente para acciones perversas, o con el único objetivo de ganar dinero por la venta de sus letales armamentos. Pero con ello, arrastran y arrasan, junto como un vademécum con esa tragedia, a todos los seres vivos, hacia una de las desdichas más grandes que civilización alguna haya causado en la Tierra.

Y a los expensalistas les encanta la política, porque al participar en la política les da la oportunidad de mandar, y sus órdenes pueden ser obedecidas por un colectivo. Y allí se presenta la gran oportunidad de dar un discurso; o de manejar con gran habilidad una falsa retórica, porque pueden caminar de un lado a otro para vanagloriarse, y poder mostrar sus dotes de oradores, mediante una arenga que se aprendieron, porque no la pudieron imaginar, pues no tienen en su mente de expensalistas, ningún objetivo trazado. Y si no lo logran, pero tienen mucho dinero, pues lo adquirieron mediante la corrupción, ellos pueden influir para generar un conflicto nacional, pero utilizando la mentira, para ocultar por medio de un chantaje, el origen de su descomposición.

Pero no planifican una estrategia razonable; por ejemplo para conquistar votos en un juego donde prevalecen las normas democráticas y un estado de derecho. Porque en la medida que la ciencia vaya opacando a las religiones, la humanidad tiene necesariamente que crear las normas que rijan la convivencia; pero esas reglas, tienen que ser respetadas por todos, para que una sociedad pueda convivir. Pero los expensalistas, generalmente aplican una estrategia al revés, para conseguir los votos. Y solamente viven en el momento que les toca, sin poder recorrer de izquierda a derecha el panorama de los acontecimientos. Es decir, que los expensalistas carecen de una visión futura o imaginaria; de agudeza mental y solamente son venteros. No planifican mentalmente, porque no pueden tener imaginación; por lo cual, tampoco pueden ser visionarios, como para poder imaginarse como será o cómo hacer para poder llegar a lo que una sociedad quiere ser. Y caminan con las puntillas de sus pies, porque quieren aparentar ser diferentes a los demás.

También en este caso de la política, los expensalistas son los que causan los grandes conflictos sociales, porque los expensalistas provocan un gran descontento social; ya que carecen de un arraigo, de una lealtad hacia ellos mismos, por lo cual no les importa una distinción política. Así que pueden estar en el gobierno sin estar de acuerdo con el gobierno, porque solamente estarán del lado que determine el cuidado de sus intereses. Es decir, los expensalistas de cualquier lado, carecen de vergüenza. Y desde allí, ellos participan de un lado o del otro, sin importarles los motivos o las razones de las luchas sociales.

Y para resolver estas incertidumbres, es que se presentan o llegan los verdaderos líderes, que pueden tener y traer una estrategia, para redireccionar y reordenar todo aquel conflicto causado por los expensalistas. Incluso, a estos líderes no les importa el dinero, y no le asignan ningún valor a sus fortunas, por muy grandes que estas sean, tal como lo hizo Simón Bolívar. O mientras estoy escribiendo esto, precisamente me acaba de llegar un correo electrónico de la Fundación Bill & Melinda Gates, lo cual significa, que también hay que reconocer la generosidad de Bill Gates, para querer compartir su fortuna mediante una fundación, que atiende principalmente a los niños y a las personas enfermas con bajos recursos.

Pero una vez que los expensalistas, ven que el líder ha logrado reestablecer el orden, ellos intentarán de nuevo tomar la administración; porque piensan, y están completamente seguros, que ellos son los más indicados, y los únicos que lo pueden hacer mejor. Y si todo está bien, entendieron que oposición es oponerse, y todo lo dañan, porque de alguna manera, ellos son los únicos que pueden hacer las cosas bien. Y recurrirán a toda clase de tretas o engaños, para hacerle ver al mundo que la culpa es del que hizo las cosas bien. Porque ellos.son los expensalistas que todo lo saben. Y esto pareciera como una parodia para rellenar este libro, pero resulta que es una situación verdaderamente real, y es lo que alimenta los conflictos entre los Seres humanos.

En algunos países, se le dice erróneamente gobierno, al grupo de personas que manejan los recursos del Estado. Y, el nombre correcto es administración. Y Gobierno significa, al grupo que gerencia. Pero el sentido del significado, se ha tomado como alguien que amedrenta o intimida con un látigo de mando.

Pero tampoco la palabra oposición es oponerse, porque en la política, lo que se quiere decir con la palabra oposición, o su verdadero significado, es que la administración o gerencia de turno, haga mejor las cosas que la gerencia anterior. De tal manera que esto obliga a los votantes, para que ellos puedan escoger al mejor, o que elijan correctamente a quien les demuestre, que puede administrar mejor los recursos que le pertenecen a todos.

Pero muchos entienden que oposición es oponerse, y recurren a las ideas contrarias como unos verdaderos expensalistas. Es decir, hablan mal del que en ese momento está dirigiendo la administración, utilizando estrategias basadas en mentiras y ofensas. O esconden los bienes básicos, como el alimento y la medicina, para tratar de doblegar a la mayoría. Y aquello que creen que la otra administración hizo bien, entonces tratan de destruirlo, porque la idea de los expensalistas, es oponerse a todo, con el fin de captar la admiración y el voto del 50 % de la población que también es expensalista.

O recurren a estrategias que solamente son de carácter psicológico, tales como el odio y la xenofobia, para tratar de conseguir la admiración. Pero siempre quieren ganar. Y si esto no les funciona, entonces recurren a solicitar el auxilio de otros expensalistas, que además, tienen muchas armas y dinero, porque estos expensalistas han logrado resguardar mejor lo que adquirieron como expensalistas. Este odio inducido, les asegura su dominio, pero ya es de un modo incontrolable o global, porque como dijimos, los expensalistas no tienen fronteras, y pueden desplegar sus dominios y ambiciones, porque no pueden prever el gran daño que le causan a la humanidad. Porque ellos en realidad no lo saben, pues son expensalistas.

Pero como les encanta la política, ellos no acometen una carrera científica, sino una profesión en la cual no sea necesario pensar mucho. Y los científicos no quieren saber nada de la política, porque a ellos solamente los embriaga lo científico.

Y los expensalistas, no son capaces de entender, que oposición en realidad no significa oponerse, sino hacer las cosas mejor que la otra administración. Por ejemplo, si una administración construye 5 escuelas, y el otro que no es expensalista se opone desde el turno de su administración; y para oponerse, el que no es expensalista construye, en vez de 5 escuelas, 10 escuelas; para con ello, demostrar que él es un mejor administrador, o que tiene la capacidad para saber que la mejor manera de dirigir una nación, es que su población se eduque, porque de esta oposición positiva, ahora la nación tendrá en vez de 5, 15 escuelas.

Pero cuando el turno de la administración es de un expensalista, tendremos cero escuelas, porque como expensalista, él se opone, y no construye ninguna escuela. Y como él no fue el que construyó las 5 escuelas, el expensalista cree que la mejor manera de hacer una oposición es destruir las 5 escuelas que construyó la otra administración. Y ya no habrá ninguna escuela, porque él no las atendió, ya que él no las construyó, y por tanto logró destruirlas. Ahora la nación además de cero escuelas, tendrá un centenar de obras inutilizadas por los expensalistas.

Y los expensalistas se esconden entre una administración y la otra, causándole un gran daño a ambas administraciones, y pueden por ejemplo, crear una hiperinflación, porque como expensalistas, su única esperanza es convertirse en millonarios, pero no importa que con esos millones no puedan comprar nada, porque los expensalistas no saben que el valor de todos los bienes es relativo. Pero ellos solamente son expensalistas. Y como el valor relativo de los bienes afecta el poder adquisitivo de la mayoría, principalmente el de los más pobres, desde luego que los expensalistas creen que ese es el camino correcto para ellos llegar a ser de nuevo los administradores.

Y los expensalistas, despilfarran los recursos de las naciones, porque no saben cómo administrarlos, sino que ellos creen, que son el gobierno; pero no con el término correcto de gerentes, sino que pueden perseguir o intimidar con su fuete de castigo. Y todo cuanto pueden lo destruyen, y no les queda otro caso que entregar la administración. Pero cuando la otra administración llega y logra poner todo en orden de nuevo, ellos quieren tomar a la fuerza la administración. Y si lo logran de una manera legal, entonces destruirán de nuevo lo que la nueva administración logró poner en orden; incluso el odio puede ser tan alto, que arremeten y destruyen, algo que no tiene sentido como es, la de embestir contra el ornamento.

Y esto pareciera ser como una historia inventada para achacársela a una determinada administración, pero es realmente lo que causa el gran fracaso de una civilización que logra autodestruirse. Una vez por ejemplo, tuve la oportunidad de observar a un administrador que logró poner en orden a una gran nación. No intervino en guerras. Y en la transferencia de mando, el administrador saliente le hizo entrega al administrador entrante de unos libros, donde se especificaba, y así se lo dijo, que le entregaba un superávit de 750.000 millones de dólares. Pero el nuevo administrador, como es un expensalista, quiso rendir esa cuenta; pero lo único que vislumbró fueron guerras, y le causó a la gran nación un déficit de 750.000 millones de dólares. Es decir, que el expensalista como nuevo jefe de esa administración, le ocasionó un gasto a esa nación de 1.500.000 millones de dólares. Pero además, dejó a su país sumido en una guerra contra todos. Dejó al mundo convertido en un campo de batalla. Y una civilización con esas características, verdaderamente que no podrá sostenerse por mucho tiempo.

Pero otra de las cosas más lamentables, es que precisamente, no sabremos si estos expensalistas, en algún momento se van a dar cuenta de que ellos son expensalistas. Pues como ya dijimos, es como tratar de explicarle a un loco el origen de su locura. O porque la conexión energía-cuerpo no siempre va a ocurrir como se espera; y en algunos existe una gran confusión a este respecto. Pero en el caso contrario, de encontrarnos o que nos topemos con alguien que no es expensalista sino un líder, uno se sumerge en una verdadera empatía, con aquellas personas que ven las cosas desde el mismo punto de vista. Y no por casualidad, estos grandes amigos son de una misma profesión. Tales como por ejemplo los músicos, o aquellas eufóricas congregaciones religiosas. Y porque el expensalismo es relativo, aunque muestren ese afán en colectivo, muchas veces al quedar solos, los expensalistas regresan a su condición. Pero no sin antes, convencidos de que ellos son los que merecen ocupar los cargos más altos en la iglesia. Y si no lo logran, entonces fundan aparte su propia iglesia.

Algunos hacen que los grados en la iglesia, no puedan ser alcanzados por el común, porque los cargos más altos los mantienen bajo un celo y secretismo absoluto. Y en cuanto a un gobierno, allí se forman círculos de poder impenetrables. Pues estos puestos están reservados para los más honorables; y solamente lo ceden a quienes sean más expensalistas; o en una iglesia, a quienes aportan social y económicamente a «la causa noble de su iglesia». Pero se aseguran de alguna manera para ser los pastores vitalicios, y mantenerse en la cúspide de la pirámide, por lo cual no van a abandonar jamás su primer puesto. Se piensa que las guerras del medio oriente están alimentadas, porque cuando murió un profeta, este no dejó en su puesto a un sucesor.

Pero si se tratara de una nación gobernada por expensalistas, ellos elaboran las leyes que preserven solamente sus intereses, y colocan en los puestos clave de la administración, a otros expensalistas de confianza, tales como el Ministro de Hacienda, el Jefe del Tesoro, o al Presidente del Banco Central. Y serán puestos vitalicios, porque se cuidan de que estos puntos clave, no están sometidos a un proceso de votación. Y con sus leyes, se eximen así mismos de sus crímenes; o incluso los prevén. Porque aunque no cometan crímenes, porque son supuestos, los expensalistas solamente ven crímenes, guerras y enemigos por todos lados en sus mentes vacías. Y de esta manera prospectiva, ese temor les hace prever el castigo de esos crímenes antes de cometerlos, porque ya están preparados, o si fuese necesario. Ya que en sus mentes, sólo existe la defensa precavida de sus intereses, si es que alguien osara a quitárselos. Y ellos forman una verdadera monarquía.

Y los grandes conflictos mundiales, son creados únicamente por los expensalistas de la Tierra. Pero el problema más circunspecto, sería saber, ¿por qué actúan de esa manera los seres humanos? Y este libro pudiera ser más extenso, pero la idea, es que sea un resumen de los ocho libros anteriores, porque la humanidad, verdaderamente que no puede continuar por este camino del expensalismo, sino que tiene que ser una convivencia muy placentera y alegre entre todos los seres que habitan en la Tierra.

RESPECTO AL AUTOR

Egresado de la Escuela de Química, Facultad de Ciencias de la Universidad Central de Venezuela, con el título de Licenciado en Tecnología Química. Estudios de post grado en Ciencia y Tecnología de los Alimentos. Trabajo especial sobre la química de los productos naturales y la química de las enfermedades. Estudio de cosmología y el origen de la energía espiritual.

EXPENSALISMO